Nischenseiten Guide

<u>Schritt für Schritt:</u>

Von der Idee über die Umsetzung bis zu den
ersten 1000 Euro

Inhaltsverzeichnis

ISBN:
13-stellige ISBN:
9781793195630

WAS SIND NISCHENSEITEN ÜBERHAUPT?

Zuerst einmal müssen wir klären was eine Nischenseite überhaupt ist; Im Prinzip lässt sich schon anhand des Wortes allein feststellen, dass es sich wohl um eine Internetseite handelt, welche eine bestimmte thematische Nische behandelt. Du fragst dich jetzt sicher was das überhaupt soll und wie man damit Geld verdienen kann. Keine Sorge, versuchen wir mal anhand der folgenden Beispiele ein wenig Licht ins Dunkle zu bringen.

1.1 Beispiele für Nischenseiten

Genre:	Bürobedarf
Oberthema:	Elektronische Bürogeräte
Unterthema:	Drucker
Nische:	Laserdrucker

„Nischenseiten sind zu meist kleine Internett-Seiten die Thematisch eine bestimmte Nische (ein bestimmtes Unterthema) behandeln, den Websitebesucher über dieses Thema informieren und ihn idealerweise vom Kauf eines Produktes überzeugen."

Angenommen du suchst einen neuen Kratzbaum für deine Katze, eine neue Hantelbank für deinen Trainingsraum, eine KFZ-Versicherung, einen Laserdrucker für dein neues Arbeitszimmer oder was auch immer. Das erste was du in solch einem Fall wahrscheinlich machst ist bei Google nach

Dingen wie „Laserdrucker Test" oder „bester Laserdrucker " zu suchen. Daraufhin findest du zahlreiche Websites, welche dich bei der Kaufentscheidung mit Hilfe von Testberichten oder Vergleichstabellen beraten. Hast du dich dann für ein Produkt entschieden und klickst auf einen Button mit der Aufschrift „Jetzt kaufen", wirst du von der Website auf Amazon oder einen anderen beliebigen Onlineshop verwiesen wo du das Produkt erwerben kannst.

Aber hast du dich nicht auch schon mal gefragt warum die Website, auf der du Beraten wurdest dir das Produkt letztendlich nicht verkauft, sondern dich z.B an Amazon weiterleitet. Verschenkt sie somit nicht ihren möglichen Gewinn? Oder ist sie vielleicht wirklich nur da um dich kostenlos zu beraten und hat selbst gar nichts davon? Beides falsch; die Website verschenkt weder ihren möglichen Gewinn, noch hat sie selbst nichts davon. Denn dadurch, dass du über den auf der Website platzierten Link zu einem Shop (Amazon und Co.) weitergeleitet wurdest, erhält der Betreiber der Beratungs-Website (Nischenseite) einen prozentualen Anteil an dem Verkaufserlös. Dieser prozentuale Anteil variiert von Produkt zu Produkt und von Anbieter zu Anbieter sehr stark, weshalb man sich im Vorhinein über die Konditionen des jeweiligen Shop-Anbieters informieren sollte.

Das Prinzip welches Nischenseiten verfolgen ist das des Affiliate Marketing. Vereinfacht dargestellt ist Affiliate Marketing lediglich das Bewerben von Produkten und Dienstleistungen anderer Personen, Shops etc., im Gegenzug für einen Anteil vom Gewinn des Verkaufes.

☐

1.2 Für wen sind Nischenseiten etwas?

Prinzipiell sind Nischenseiten für jeden etwas der sich für den Bereich Online Marketing bzw. Affiliate Marketing interessiert und sich ein langfristiges und profitables passives Einkommen aufbauen will. Zudem sollte man eine ganze Menge Durchhaltevermögen mitbringen, da es besonders zu Beginn sehr arbeits und zeitaufwändig ist sich eine gewinnbringende Nischenseite aufzubauen. Läuft diese jedoch erst einmal hält sich der Arbeitsaufwand in Grenzen und man erzielt ein profitables sowie dauerhaftes passives Einkommen. Das Ganze ist vergleichbar mit einem Baum. Hat man ihn gerade gepflanzt muss man ihn häufig bewässern, zurückschneiden usw, Früchte trägt er aber trotzdem kaum welche. Ist der Baum jedoch erst einmal ausgewachsen benötigt es vergleichsweise nur noch wenig Arbeit und man erhält trotzdem eine üppige   Ernte.

☐

1.3 Warum bieten die Firmen so etwas überhaupt an?

Vielleicht fragst du dich jetzt warum Firmen überhaupt so etwas wie Affiliate Marketing ermöglichen da sie ja praktisch einen Teil ihres Gewinns auf diese Weise an den Nischenseiten Betreiber abgeben müssen. Also liegt es doch nahe, dass sie dadurch einen geringeren Gewinn erzielen oder? Ganz im Gegenteil: dieser Ansatz ist völlig falsch, denn Firmen wie Amazon und Co. machen nicht weniger Gewinn durch Nischenseiten, sondern deutlich mehr. Denn ohne die jeweilige Nischenseite, welche den Interessenten über einen Link auf den Onlineshop übermittelt hat, wäre gar kein Verkauf zu Stande gekommen und Der Online-Shop hätte somit auch gar keinen Gewinn erzielt. Um dem vorzubeugen geben Onlineshops wie Amazon und Co. lieber einen kleinen Teil ihres Gewinnes an die Nischenseiten ab, anstatt sich die möglichen Verkäufe ganz entgehen zu lassen. Alles in Allem sind Nischenseiten eine wahre Win-Win Situation. Du als Nischenseiten-Betreiber erhöhst durch deine Arbeit die Verkaufszahlen deines Partners wodurch dieser höheren Einnahmen erzielt, kriegst zugleich aber auch einen Teil dieser Einnahmen. Somit haben sowohl dein Partner (z.B Amazon, Ebay usw…) als auch du schlussendlich mehr Geld erwirtschaftet.

Merk dir: Du als Nischenseiten Betreiber bist praktisch ein Teil der Werbefirma deines Shop-Partners und vermittelst ihm Kunden, welche wiederum Käufe tätigen die ohne dich gar nicht zu Stande kämen!

☐
1.4 Vor und Nachteile im Überblick

Insgesamt überwiegen die Vorteile einer Nischenseite den Nachteilen deutlich. Du kannst dir mit nur sehr wenig Startkapital ein profitables, langfristiges und passives Einkommen aufbauen. Des Weiteren bist du dein eigener Chef und arbeitest wann du willst, wo du willst und so viel du willst. Von nichts kommt bekanntlich jedoch auch nichts, denn gerade in der Anfangsphase musst du erst einmal viel Arbeit und Zeit investieren ohne direkt sichtbare Erfolge in Form von Einnahmen zu erzielen. Dieses entmutigt viele, sodass sie das Projekt der eigenen Nischenseite schnell wieder auf Eis legen. Bleibst du jedoch langfristig am Ball kannst du dir mit Hilfe von Nischenseiten ein langfristiges und solides Online Business aufbauen, welches dir Monat für Monat vollkommen passiv Geld erwirtschaftet.

Vorteile	Nachteile
profitables Passives Einkommen	für sich selber verantwortlich
geringe Investitionskosten	hoher Zeitaufwand am Anfang
geringe laufende Kosten	abhängig vom Partnerprogramm
Arbeitsplatz frei wählbar	
Arbeitszeit frei wählbar	
eigener Chef	

DIE PASSENDE NISCHE FINDEN

Nachdem du jetzt bereits grundlegend über Nischenseiten Bescheid weißt, wollen wir uns nun mit der sogenannten „Nischenfindung" auseinandersetzen. Die Nischenfindung ist einer der bedeutsamsten Phasen während der Erstellung einer Nischenseite, denn die richtige Nische zu wählen ist maßgeblich für den späteren Erfolg der Website. Das Thema der Nischenwebsite sollte ein hohes aber nicht all zu hohes monatliches Suchvolumen und dabei eine nicht allzu starke Konkurrenz vorweisen und dich am besten auch noch thematisch interessieren.(zu hohes monatliches Suchvolumen = In der Regel zu starke Konkurrenz) Dieses kling zuerst einmal nach einer ziemlich schweren Aufgabe eine solches Themengebiet zu finden. Aber keine Sorge, hältst du dich an die folgenden Schritte solltest du innerhalb kurzer Zeit die für dich optimale Nische ausfindig machen können.

☐

2.1 Persönlich interessantes Themengebiet finden

Am besten beginnst du die Suche nach der optimalen Nische zunächst mit Hilfe eines einfachen Blatt Papiers und deines Smartphones. Auf die Vorderseite schreibst du nun alle Themen, mit welchen du dich auskennst also sozusagen schon Experte bist. Auf die Rückseite schreibst du alle Themen, die dich interessieren und bei denen du dir vorstellen könntest dich langfristig mit ihnen zu beschäftigen ohne das Interesse zu verlieren. Am besten versuchst du schon hier Unterthemen also sogenannte Nischen aufzuschreiben. Auch solltest du falls dir die Ideen ausgehen einfach mal bei Amazon in verschiedenen Kategorien stöbern, denn häufig finden man auch dort Produkte und somit Themen, welche das eigene Interesse erwecken, auf die man aber von alleine nie gekommen wäre.

Solche Themen für Nischen können beispielsweise: Hantelbank, Kraftstation, Messerschleifer, Katzenklos, Makeup-spiegel, Standlüfter, Laserdrucker usw… sein, nur um mal ein Paar mögliche Beispiele zu nennen. Wie dir vielleicht auffällt sind das alles sehr spezifische und feine Unterthemen und auch du solltest bei deiner Nischenfindung darauf achten dir nicht zu große Themen auszusuchen. Denn du willst ja schließlich eine NIESCHEN-Seite erstellen, also eine kleine Seite über ein kleines spezifisches Thema (Nische).

Natürlich ist es letztendlich praktischer, wenn du dich am Ende für eine Nische entscheiden kannst in dessen Materie du dich schon bestens auskennst beispielsweise auf Grund deiner Hobbys oder deiner Arbeit. Ich sage jedoch bewusst „entscheiden kannst", denn manchmal macht es einfach keinen Sinn, auch wenn du dich noch zu gut in einem

Themengebiet auskennst, eine Nischenseite darüber zu verfassen, beispielsweise wenn einfach allgemein ein zu geringes Interesse an dem Thema besteht. Falls du also später während der Suchvolumenanalyse oder während der Konkurrenz Analyse merkst, dass keines deiner Expertengebiete in Frage kommt, solltest du dich nicht ärgern, sondern einfach mit den Themen weitermachen, die du zu Beginn dieses Ratgebers auf die Rückseite des Blattes geschrieben hast. Bei diesen Themen besteht zwar der Nachteil, dass du dich noch selbst über das Thema informieren musst und nicht wie bei deinen Expertenthemen schon genaustens Bescheid weißt, jedoch sollte dir es leicht fallen dich in ein Themengebiet was dich wirklich interessiert einzuarbeiten.

2.2 Suchvolumen Analyse

Nehmen wir mal an du planst eine Nischenwebsite über Laserdrucker zu eröffnen da dich das Thema sowie die Funktionsweise solcher Drucker einfach interessiert. Nun gilt es natürlich zunächst herauszufinden ob überhaupt eine Nachfrage nach Laserdruckern besteht und wie hoch diese ist. Das wichtigste Merkmal um diese Frage zu beantworten ist das monatliche Suchvolumen, d.h in unserem Fall wie häufig Keywords im Zusammenhang mit Laserdruckern pro Monat gesucht werden. Um das monatliche Suchvolumen zu ermitteln kannst du ein Tool deiner Wahl verwenden, ich empfehle Tools wie Market Samurai, Google AdWords Keyword Planer oder als kostenlose Alternative die Internetseite Morefire: https://www.more-fire.com/tools/keyword-datenbank/.

Egal für welches der Programme du dich entscheidest, solltest du nun damit beginnen zunächst das monatliche Suchvolumen nach Keywords, welche für deine Nischenseite in Frage kommen zu Analysieren. Solche wären z.B: „Laserdrucker Test", „Laserdrucker Vergleich", Laserdrucker Testbericht", oder „gute Laserdrucker". Am besten legst du ein Textdokument auf deinem Computer an in welchem du die Begriffe und das dazu gehörende Monatliche Suchvolumen festhältst. Auf diese Weise lässt sich nämlich später leicht erkennen welcher der Begriffe sich für deinen Domainnamen und damit auch deinen Website Namen eignet.

Beispiel:

Begriffe	Suchvolumen
Laserdrucker Testsieger	1.261 Aufrufe pro Monat
Laserdrucker Test	5.665 Aufrufe pro Monat
Laserdrucker Testbericht	460 Aufrufe pro Monat
Usw...	Usw...

Allein schon mit Hilfe dieser kleinen Tabelle lassen sich z.B die Begriffe „Laserdrucker Testbericht" sowie „Laserdrucker Testsieger" als Namen für deine Website ausschließen, da diese ein zu geringes monatliches Suchvolumen aufweisen. Der Wortlaut „Laserdrucker Test" hingegen erzielt mit 5.665 Suchanfragen pro Monat einen guten Wert, denn dieser ist nicht zu hoch (zu hohes Suchvolumen = meist zu hohe Konkurrenz) aber auch nicht zu niedrig (zu Niedriges Suchvolumen=keine Nachfrage). Optimal ist es meines Erachtens nach, wenn dein Haupt-Keyword ca. 2500-7500 Suchanfragen pro Monat hat.

2.3 Konkurrenz Analyse

Nachdem du ein Keyword mit einem optimalen monatlichen Suchvolumen gefunden hast solltest du dir die Konkurrenz für dieses nun einmal genauer anschauen. Dafür gibst du einfach dein Haupt-Keyword also in unserem Beispiel „Laserdrucker Test" in die Suchmaschine ein und schaust dir die ersten zehn bis zwanzig Suchergebnisse an. Hierbei solltest du besonderes Augenmerk auf schon vorhandene Nischenseiten legen und große Vergleichsportale wie Beispielsweise Check24 erst einmal außer Acht lassen. Mach dir auch nicht direkt Sorgen nur weil es schon 2 oder 3 Nischenseiten gibt, denn Konkurrenz kann man immer schlagen. In so einem Fall solltest du dir die anderen Nischenseiten einfach mal anschauen. Wie ist dein erster Eindruck? Ist die Website übersichtlich? Ist der Text gut und flüssig zu lesen? Versetze dich am besten in die Lage eines potenziellen Käufers und reflektiere wie sehr dir die Website geholfen hätte wärst selbst auf der Suche nach einem solchen Produkt. Das wichtigste zum Schluss: Denkst du von dir, dass du eine bessere und hilfreichere Website erstellen kannst? Wenn du diese Frage mit einem Ja beantworten kannst dann herzlichen Glückwunsch, denn du hast gerade deine persönliche Nische gefunden. Falls nicht musst du den Prozess der Nischenfindung wohl oder übel von vorne beginnen und nach einer anderen Nische Ausschau halten. Aber keine Sorge auch du wirst, wenn du die Schritte 2.0 –2.3 konsequent einhältst schon bald dein perfektes Nischenthema gefunden haben.

Denk dran, die passende Nische ist ausschlaggebend ob du mit deiner Website Geld verdienst oder nicht. Also investiere lieber ein wenig mehr Zeit in die Nischenfindung bevor du dich für eine unprofitable oder völlig überfüllte Nische entscheidest, eine ganze Website auf die Beine stellst und im Nachhinein feststellen musst, dass deine ganze Arbeit umsonst war.

PARTNERPROGRAMM FINDEN

3.1 Warum Amazon?

Anfängern empfehle ich Grundsätzlich erst einmal mit dem Amazon Partnerprogramm zu starten. Die Registrierung ist einfach, unkompliziert und lässt sich schnell abwickeln. Auch der Gebrauch ist selbsterklärend: eine übersichtliche Benutzeroberfläche ermöglicht dir mit wenigen Klicks, Links zu von dir gewählten Produkten zu generieren, deine Einnahmen mit Hilfe von Diagrammen nachzuvollziehen, vorgefertigte Werbeanzeigen in deine Website einzubinden, u.v.m. Des Weiteren bietet Amazon faire Konditionen, denn du erhältst bis zu 10% Verkaufsprovision pro Produkt auch auf nicht von dir expliziert verwiesene Artikel, welche der Kunde während seines Einkaufes auf Amazon erwirbt. So kannst du Glück haben und ein Kunde welcher sich z.B für Laserdrucker interessiert gelangt über deine Website auf Amazon kauft jedoch keinen Laserdrucker, sondern beispielsweise einen 3D Drucker für 5000 Euro. Obwohl du eigentlich nichts zu dem Kauf des 3D Druckers beigetragen hast erhältst du die Provision auf den gesamten Einkaufswert von 5000 Euro.

Wichtig: Amazon zahlt dir eine Provision auf den gesamten Einkaufswert den der Kunde während seines von dir initiierten Besuches auf Amazon verausgabt.

☐

3.2 Verschiedene Partnerprogramme im Überblick

Trotz das ich wie oben bereits erwähnt grundsätzlich jedem Anfänger das Amazon Partnerprogramm ans Herz legen kann, gibt es auch noch weitere Partner, mit welchen es möglich ist seine Nischenseite profitabel zu vermarkten. Denn es besteht auch die Möglichkeit direkt mit Firmen oder anderen Versandhäusern eine Partnerschaft einzugehen. So kannst du beispielsweise als Betreiber einer Laserdrucker Nischenseite ein Affiliate Partner bestimmter Druckermarken wie z.B „HP" werden. Dafür versuchst du entweder durch die Website der Firma selbst herauszufinden ob diese ein Partnerprogramm haben oder kontaktierst den Firmen Ansprechpartner per Email oder Telefon und fragst bezüglich einer solchen Möglichkeit der Werbung nach. Des Weiteren gibt es auch zahlreiche Websites wie z.B affiliate.net, auf welcher verschiedenste Firmen mit ihren privaten Partnerprogrammen vertreten sind, sodass dir das lange Suchen und recherchieren erspart bleibt.

Der große Vorteil solchen einzelnen Partnerprogramm, ist schlicht und einfach die Verkaufsprovision, welche deutlich ist liegt als die von Amazon ausgezahlte Provision. So sind zum Teil Provisionen von bis zu 70% bei digitalen Produkten wie Online-Coaching Seminaren möglich. Der große Nachteil liegt jedoch im zu Betreibenden Aufwand. Du musst verschiedene Firmen kontaktieren, Zahlungen kontrollieren, und vor allem den Überblick über alle deine Partnerschaften und die jeweiligen Einkünfte behalten. Gerade, weil dir Amazon diesen ganzen Aufwand abnimmt und dir in einem Programm alles was du für deine Website brauchst bietet, ist es für Anfänger so empfehlenswert.

☐ .

INFORMATIONEN SAMMELN UND PORTFOLIO ERSTELLEN

4.1 Informationen sammeln

Nun ist es an der Zeit, dass du Expertenwissen über die von dir ausgewählte Thematik erwirbst. (Bist du bereits Experte in der Thematik, kannst du diesen Schritt überspringen und direkt mit 4.2 weitermachen)

Hast du dich wie in unserem Beispiel für das Thema Laserdrucker entschieden, solltest du bestehende Testberichte zu verschiedensten Druckern lesen, passende Drucker auf Amazon ausfindig machen und deren Kundenrezensionen genaustens unter die Lupe nehmen. Auch solltest du eventuell bei einem Elektronikmarkt in deiner Nähe vorbauschauen und dir die verschiedenen Laserdrucker einmal in der Realität ansehen um dir objektiv ein Bild von den jeweiligen Produkten machen zu können. Mache dir zudem unbedingt während deiner Recherche grobe Notizen, d.h schreibe die besten Drucker auf und notiere dir kurz warum das jeweilige Gerät deines Erachtens nach auf deiner Nischenseite erwähnt werden sollte.

Doch woher weißt du wann du genug Informationen gesammelt hast? Ganz einfach: versetze dich in die Lage eines Verkäufers, z.B bei Saturn und stell dir vor mehrere Kunden mit verschiedenen Bedürfnissen und Vorstellungen möchten einen Laserdrucker erwerben. Bist du in der Lage jedem einzelnen den für seine Bedürfnisse perfekten Drucker, mit Hilfe deiner Notizen und deines Wissens zu vermitteln? Falls du diese Frage mit Ja beantworten kannst bist du dem Traum deiner eigenen Nischenseite gerade ein ganzes Stück nähergekommen. Falls nein, überlege in welchem Bereich dein Wissen noch nicht umfangreich genug ist. Konntest du deinen Kunden z.B nichts zum Thema Schwarz-Weiß Laserdruckern sagen, so informiere dich in den nächsten Tagen gezielt über diese.

☐

4.2 Portfolio erstellen

Jetzt ist es an der Zeit deine in Schritt 4.1 gesammelten Informationen zu ordnen und zu verfeinern. Je genauer du hier arbeitest, desto leichter wirst du es später beim Verfassen deiner Websitebeiträge haben, da du nur noch die in deinem Portfolio enthaltenen Stichpunkte ausformulieren musst. Lege dir am besten ein Word oder Open-Office Dokument an, da du dieses im Gegensatz zu einem Handschriftlichen Dokument leicht bearbeiten kannst, sowie es dir ermöglicht Bilder und Grafiken zur Veranschaulichung mit in das Dokument einzubinden.

Nun fasse deine bisher gesammelten Informationen sinnvoll zusammen, erstelle Kategorien und ordne die jeweiligen Produkte diesen zu (Beispiele für Laserdrucker-Kategorien: Farblaserdrucker, Schwarzweiß-Laserdrucker, Laserdrucker-Hersteller usw…) Ich würde dir zudem empfehlen, einheitliche Tabellen zu erstellen in denen du alle Informationen über das jeweilige Produkt geordnet festhältst. Das ermöglicht dir später mit geringem Aufwand verschiedene Produkte im Bezug auf ihre jeweiligen Daten und Beschaffenheiten miteinander zu vergleichen.

☐

4.3 Beispielportfolio

Im Folgenden findest du ein von mir zum Thema Laserdrucker erstelltes Beispielportfolio:

(Dieses Portfolio zum Thema Laserdrucker ist nicht vollständig, da es lediglich dazu dienen soll, eine Vorstellung zu schaffen wie so ein Portfolie aussehen kann)

Nischenseite: Laserdrucker

Domain: laserdrucker-vergleich-test.de

Keywords:

Laserducker	169.355 Suchvolumen
Toner Laserdrucker	13.716 Suchvolumen
Laserdrucker Test	5.665 Suchvolumen
Wlan Laserdrucker	2.060 Suchvolumen
Laserdrucker Fax	2.029 Suchvolumen
Laserdrucker Testsieger	1.261 Suchvolumen
Laserdrucker Testberichte	460 Suchvolumen
Laserdrucker Kostenvergleich	403 Suchvolumen

Farblaserdrucker	Notizen	
Samsung Xpress C430W/TEG	Druckauflösung horizontal	2400 dpi
	Druckauflösung vertikal	600dpi
	Geschwindigkeit S/W	18 Seiten/min
	Geschwindigkeit Farbe	4 Seiten/min
	Duplexdruck	Nein

	Kopieren	Nein
	Scannen	Nein
	Faxen	Nein
	Lan-Anschluss	Ja
	W-Lan	Ja
	USB- Anschluss	Ja
	Apple AirPrint	Ja
	Kartenleser	Nein
	Maximaler Papiervorrat	150 Blätter
	Maximale Papierstärke	220 g/m2
HP LaserJet Pro MFP M277dw	Druckauflösung horizontal	600 dpi
	Druckauflösung vertikal	600 dpi
	Geschwindigkeit S/W	18 Seiten/min
	Geschwindigkeit Farbe	18 Seiten/min
	Duplexdruck	Nein
	Kopieren	Ja

	Scannen	Ja
	Faxen	Ja
	Lan-Anschluss	Ja
	W-Lan	Ja
	USB- Anschluss	Ja
	Apple AirPrint	Ja
	Kartenleser	Nein
	Maximaler Papiervorrat	150 Blätter
	Maximale Papierstärke	163 g/m2

Schwarz/Weiß-Laserdrucker	Notizen	
Samsung Xpress M2835DW/SEE	Druckauflösung horizontal	4800 dpi
	Druckauflösung vertikal	600 dpi
	Geschwindigkeit S/W	28 Seiten/ min
	Geschwindigkeit Farbe	KEIN FARBDRUCKER
	Duplexdruck	Ja
	Kopieren	Nein
	Scannen	Nein
	Faxen	Nein
	Lan-Anschluss	Nein
	W-Lan	Ja
	USB- Anschluss	Nein
	Apple AirPrint	Ja
	Kartenleser	Nein
	Maximaler Papiervorrat	250 Blätter
	Maximale Papierstärke	220g/ m2
Kyocera Ecosys P2040dw	Druckauflösung horizontal	1200 dpi
	Druckauflösung vertikal	1200 dpi
	Geschwindigkeit S/W	40 Seiten/ min
	Geschwindigkeit Farbe	KEIN FARBDRUCKER
	Duplexdruck	Ja
	Kopieren	Nein
	Scannen	Nein
	Faxen	? (Nein)
	Lan-Anschluss	Ja

W-Lan	Ja
USB- Anschluss	Ja
Apple AirPrint	Ja
Kartenleser	Ja
Maximaler Papiervorrat	250 Blätter
Maximale Papierstärke	220g/ m2

USW...

EIGENE WEBSITE ERSTELLEN

5.1 Der perfekte Anbieter

Die Wahl des richtigen Hosting Anbieters geht, wenn du einige wichtige Regeln beachtest schnell von statten:

1. Der Vertrag sollte monatlich kündbar sein
2. Ein Dreierpack Domains inklusive ca. 100 Subdomains sollte nicht mehr als 5 Euro pro Monat kosten
3. Dein Anbieter sollte einen kostenlosen Kundenservice anbieten
4. Einfache und kostenlose Installation von Wordpress ist ein Muss!

Informiere dich einfach auf der Website deines potenziellen Anbieters über die geltenden Konditionen, prüfe ob Regeln 1- 4 eingehalten werden und achte auch auf das Kleingedruckte um nicht versteckten Kosten zum Opfer zu fallen. Viele Hoster bieten ihre Dienste auch die ersten Monate kostenlos an, sodass du erst einmal alles testen kannst, bevor du zu Kasse gebeten wirst.

Persönlich habe ich sehr gute Erfahrungen mit dem Hosting Betreiber All-Inkl gemacht. Dieser bietet ausgesprochen faire Konditionen, sowie einen hervorragenden Kundenservice. Du kannst zwischen verschiedenen Paketen, welche alle unterschiedlichen Konditionen vorweisen, wählen: Für den Anfang sollte das „Privat-Paket" für 4.99 Euro / Monat ausreichen

☐

5.2 Die Domainadresse

Hast du dich erfolgreich bei einem Hoster registriert sowie ein monatliches Abo abgeschlossen, hast du nun die Möglichkeit eine Domain festzulegen. Eine Domain ist nichts weiter als die Internetadresse, unter der man deine Website finden kann, also z.B: www.deine-Nischenseite.de.

Trotz dieser Kürze ist die richtige Domainadresse wichtig, da sie in wenigen Worten dem User verdeutlichen sollte welche Thematik deine Seite behandelt.

Nehmen wir als Beispiel wieder einmal unsere Laserdrucker Nischenseite. Diese soll später Laserdrucker mit einander Vergleichen bzw diese testen, dementsprechend sollte der Name der Website, wenn möglich auch „Laserdrucker-Vergleich, Laserdrucker-Test oder Laserdrucker-Testbericht, lauten.

Deine Domain sollte außerdem aus 2 bis höchstens 3 Wörtern bestehen und die Such-Keywords beinhalten, also die Begriffe, welche der User in die Suchmaschine eintippt. Denn je höher die Übereinstimmung zwischen Domain und Suchanfrage ist, desto größer ist auch die Wahrscheinlichkeit, dass du unter den Top Suchergebnissen landest. (Natürlich gibt es noch weitere Faktoren, die das Ranking deiner Website maßgeblich beeinflussen, die Domain ist jedoch auch ein ausschlaggebender Aspekt, weshalb sie nicht vernachlässigt werden sollte)

Prüfe einfach auf der Website deines Hosters ob deine gewünschte Domain noch verfügbar ist, falls nicht verändere die Domain solange ein kleinwenig bis sie verfügbar ist. Beispiel: Sollte „Laserdrucker-Test" schon vergeben sein, nimmst du eben „Laserdrucker-Testbericht" und sollte das auch schon vergeben sein probierst du es eben mit „Laserdrucker-Testberichte". Sollte die Domain verfügbar sein, kannst du sie mit wenigen Klicks beantragen. Sie wird daraufhin für dich reserviert und aktiviert, dieses kann einige Minuten bis Stunden in Anspruch nehmen. Ob deine Domain bereits aktiviert wurde kannst du entweder auf der Website deines Hosters abfragen oder du gibst deine Domainadresse einfach in die Suchmaschine ein. Sollte eine Meldung auftauchen, dass die Server-IP Adresse nicht erreichbar ist musst du dich noch etwas gedulden. Falls deine Domain bereits aktiviert wurde findest du in der Regel eine weiße Seite vor auf der etwas steht wie „Hier entsteht eine neue Website".

☐

5.3 Wordpress installieren (Videovorschlag)

Ich habe mich dagegen entschieden dir hier eine komplizierte Erklärung zur richtigen Wordpress Installation zu geben. Denn meines Erachtens nach gestaltet sich die Installation mit Hilfe eines Video-Tutorials deutlich einfacher. Da ich bisher aber noch keinen Youtube-Kanal besitze habe ich dir ein Video herausgesucht, welches die Thematik rund um die Wordpress Installation verständlich und gut erklärt:
Zum Video: https://www.youtube.com/watch?v=Pd18iC1GuDU

5.3.1 Einführung in die Benutzeroberfläche von WP (Videovor-schlag)

Auch was die Einführung in das Programm „Wordpress" angeht, habe ich mich bewusst wieder für ein Video-Tutorial entschieden, da man so die Dinge 1 zu 1 sieht und direkt nachmachen kann.
Zum Video: https://www.youtube.com/watch?v=RUfuIDNwk94

☐

5.3.2 Das richtige Theme finden

Ein Theme ist im Prinzip das Outfit deiner Website. So kannst du zwischen zahlreichen Themes wählen welche alle einen anderen Schwerpunkt setzten und deiner Website einen spezifischen Look verleihen. Das eine Theme eignet sich z.B besonders für Animationen, dass nächste für schlichten Text, dass übernächste für einen Webshop, usw... Doch wie findest du nun das für dich am besten geeignete Theme? Zu erst einmal musst du dir überlegen ob du bereit bist echtes Geld für ein Theme zu investieren. Falls ja wirst du weniger Arbeit sowie mehr Möglichkeiten bei der Gestaltung deiner eigenen Wordpress Website haben. Zudem bieten kostenpflichtige Themes den Vorteil eines zumeist guten Kundenservices. Schau dich dafür einfach auf der unten verlinkten Website ein wenig um. Hervorragende Themes um eine Nischenseite aufzusetzen sind meiner Erfahrung nach das „Ultra-Theme" sowie das „affilite.io-Theme"
Ab zu den kostenpflichtigen Themes:
https://themify.me/member/aff/go/casneu
Falls du es lieber erst einmal mit einem kostenlosen Wordpress-Theme versuchen möchtest, ist dies auch kein Problem. Denn auch „Free-Themes"

lassen sich mit Hilfe von Plugins verändern und individuell gestalten. Gehe einfach in dein Wordpress Dashboard und wähle in der linken Leiste den Punkt Design ☐ Themes aus. Nun hast du die Möglichkeit zwischen hunderten kostenfreien Themes zu wählen. Achte bei deiner Entscheidung darauf ob das Theme „responsible" ist, d.h sich je nach Endgerät anpasst. Dadurch erhältst du auch auf kleineren Geräten als dem Computer eine ansprechende und wohl strukturierte Website. Hast du eines der Themes für dich ins Auge gefasst, lade es einfach mit einem Klick auf „download" herunter und aktiviere es anschließend. Nun sollte sich deine Website den Vorgaben des Themes bezüglich Seitenstreifen, Header usw angepasst haben.

☐

5.3.3 Was sind Plugins?

Plugins sind Erweiterungen, durch welche du die Grundversion von Wordpress ergänzen kannst, sodass bestimmte von dir gewünschte Funktionen fortan unterstützt werden. Sie ermöglichen dir beispielsweise das einfache Einbinden von Links oder das Erstellen und Verwalten von Tabellen usw... Falls dir eine Funktion in der Grundversion von Wordpress fehlt suche also einfach unter Dashboard ☐ Plugin, nach dem Plugin was dein Problem am besten löst und lade es mit einem Klick herunter. Du kannst theoretisch beliebig viele Plugins verwenden, achte jedoch darauf nur für dich und deine Website wichtige Plugins aktiviert zu lassen, da die Verwendung von vielen Plugins zu gleicher Zeit der Geschwindigkeit deiner Website schadet.

☐

5.4 Deine Website mit Inhalt füllen

Nun ist es an der Zeit deine Website endlich mit Inhalt zu füllen. Erstelle anhand der Informationen deines Portfolios: Beiträge, Seiten, Tabellen, Grafiken usw... Binde zu jedem Produkt einen Button mit der Aufschrift „Jetzt Kaufen", ein. Der Button muss mit einem von dir zuvor über Amazon erstellten Affiliate Link, welcher deine Partner ID beinhaltet verknüpft sein. Gelangt nun ein Leser deines Artikels über diesen Button auf Amazon und kauft etwas erhältst du deine wohlverdiente Provision und damit deine ersten passiven Einnahmen.

☐

SUCHMASCHINENOPTIMIERUNG

Nun ist es an der Zeit deine fertige Website zu optimieren um ein gutes Ranking in den Suchmaschinen zu erzielen. Denn nur durch ein hohes Ranking kannst du auch hohe Besucherzahlen und damit Einnahmen erzielen.

6.1 Optimierung deiner Websiteinhalte

Lasse uns unsere Webseite nun optimieren...

Das erste was wir tun müssen, ist ein Seitentitel für unsere Webseite zu wählen.
Der Seitentitel sollte nur aus den wichtigsten Haupt-Keywords bestehen. Google wird jedem Keyword dadurch mehr Aufmerksamkeit schenken und einen höheren Page Rang verleihen.

Bei der Erstellung des Seiten Titels, sollte dieser nicht so aussehen:

Willkommen auf unserer Webseite!

Es sollte auch nicht so aussehen -(es enthält zwar unsere Keywords, aber eine unnötige Anzahl an Wörter):

Laserdrucker, Der Richtige Laserdrucker mit Bild und einer äußerst schneller Druckmethode!

Dies wäre ein perfekter Titel für deine Webseite:

Laserdrucker Test 2019/ Die 10 besten Laserdrucker im Vergleich

Versuche immer dein Keyword, wenn möglich zu kombinieren, umso die Gesamtzahl der Wörter in deinem Titel zu reduzieren!
Füge zudem immer deine Keywords im Seitentitel mit ein!
Das Kombinieren von Keywords, um die Gesamtzahl von Wörtern im Webseiten Titel zu reduzieren ist ein guter weg, um die Stärke jedes einzelnen Keywords hervorzuheben.

Fügen H1 Header-Tag hinzu

Der <h1> Header-Tag sollte so weit wie möglich in der oberen linken Ecke der Seite platziert sein. Denn wenn Google eine Webseite liest (crawlt), liest es den Text aus dem linken oberen Rand der Seite, und folgt dann in den rechten unteren Rand der Seite.
Deshalb ist es am besten, wenn Sie Ihren <h1> Header-Tag auf der oberen linken oder auf dem oberen mittleren Teil der Seite platzieren.
Auch der Inhalt ihres h1 Tags ist entscheidend für das Ranking ihrer Website. Sie sollte ihren h1 Tag jedoch auf keinen Fall mit vielen verschiedenen Keywords zu „spammen" sondern sich lediglich auf ihr Haupt Keyword, also in unserem Fall „Laserdrucker Test" beschränken

Füge H2 Tags hinzu.
H2 Tags können als eine Art Unterrubrik verstanden werden. Sie sollten bei einer Websitelänge von ca 2000. Wörtern maximal 5 h2 Tags in ihre Website einbauen. (Bei Seiten mit über 3000 Wörtern bis zu 10 H2 Tags)

Ein guter H2 Header-Tag für unser Beispiel wäre:
„Der beste Laserdrucker"

(In der Regel ist es am besten Ihre primären Keywords in Ihrem <h1> Tag zu verwenden und die sekundären Keywords innerhalb des <h2> tags.

Optimiere deinen Inhalt
Hast du dich wie in unserem Beispiel für eine Laserdrucker Nischenseite entschieden solltest du nun versuchen möglichst häufig Wörter wie „Laserdrucker Test", „Laserdrucker Vergleich" oder „Laserdrucker Testbericht" in denen Text einzubauen. Denn dadurch registriert Google, dass es in deiner Website um einen Vergleich und Test von Laserdruckern geht und schlägt deine Seite dementsprechend Usern vor, die auf der Suche nach einem Laserdrucker sind.
Übertreibe es jedoch nicht!

Du solltest deinen Text nicht einfach wie im folgenden Beispiel mit deinem Keyword zu „spammen";
Laserducker, der Richtige Laserdrucker, wie ich ein Magazin zum Laserdrucker gelesen habe, und ein anderes zum besseren Laserdrucker gelesen habe...

Google wird das nämlich sofort registrieren und deine Website als Spam ansehen, wodurch dein Ranking sich massiv verschlechtert.

Versuche lieber jedes Keyword in einer natürlichen Weise zu erwähnen, du solltest aber trotzdem sicher sein, das zumindest eines der Keywords in jedem ersten, oder zweiten Absatz enthalten ist. Grob kann man sagen, dass eine Keyword- Dichte von ca. 3-4 % Optimal ist.

Füge richtig ALT Image-Tags ein

Klicken sie nun auf jedes in ihrer Website vorhandene Bild, und schauen sie nach, ob dieses ein <alt> Attribut besitzt.

Falls nicht, fügen sie als ALT Attribut Wörter hinzu, welche ihr Bild optimal beschreiben. (Google wertet die ALT Attribute als Text, also eignen sich diese auch wunderbar um versteckt Keywords mit einzubauen)

Der HTML-Code der verwendet wird, um eine <alt> Image-Tag hinzufügen, würde wie folgt aussehen:

<img src="IhreGrafik.jpg" width="503" height="93"alt="Laserdrucker">

☐

6.2 Off-Page Optimierung

Ich weiß nicht wie es dir geht, aber ich war ziemlich erstaunt, als ich zum ersten Mal meine neuen Keywords bei Google auf der ersten Seite, an der Spitze sah.

Große Änderungen im Web-Ranking wird in erster Linie dadurch getan, wenn man eine so genannte Off-Page Optimierung durchführt. Eine Richtig geplante Off-Page Optimierung ist einer der ausschlaggebenden Punkte bei Google, den Sprung auf Platz 1 zu schaffen!

Also, was ist eine Off-Page Optimierung überhaupt?

Eine Off-Page Optimierung besteht im Wesentlichen aus allen Page Rang Faktoren, die sich nicht auf Ihrer Webseite befinden, und die Suchmaschinen beim Ranking einer Webseite nicht beachten, oder suchen.

Hier nur einmal die wichtigsten Page Rank Faktoren im Überblick:

1. Welche Webseiten sich zu Ihnen verlinken.
2. Die Zahl von Webseiten, die sich zu Ihnen verlinken.
3. Der Google Page Rank der Webseite, die sich zu Ihnen verlinkt.
4. Der Inhalt der Webseite, die sich zu Ihnen verlinkt.
5. Der Ankertext, der in der Verbindung mit den Verlinkungen zu ihrer Website verwendet wird.
6. Ob die Webseiten, die sich zu Ihnen Verlinkt, von Google als eine

richtige Autoritäts- Webseite (Wichtige Themen relevante Webseite) gehandelt wird.

7. Die IP-Adresse der Webseite, die sich zu Ihnen Verlinkt.
8. Usw…

Wie du vielleicht bemerkt hast, geht es bei beinahe allen der oben aufgeführten Punkte um Verlinkungen, auch Backlinks genannt.

Backlinks sind nichts anderes als Links, die von anderen Webseiten auf deine Website verweisen. Doch Google sieht die Anzahl von hochwertigen Backlinks als Qualitätskriterium an und stuft deine Website dementsprechend ein. (Ganz nach dem Motto: Wenn viele Artikel auf deine Website verweisen muss sie ja schon irgendwie gut sein) Ich schreibe bewusst hochwertig, da es dir nichts nützt, wenn z.B eine Website über Kinderspielzeug dich als Laserdrucker Nischenseite verlinkt, sondern eher dein Websiteranking verschlechtert. Vielmehr solltest du darauf achten mit thematisch ähnlichen Websites zusammenzuarbeiten. Kontaktiere andere Website-Administratoren und schlage vor das ihr beide einen Link zur Seite des anderen auf eurer Website einbindet. Dadurch erhalten beide einen hochwertigen Backlink und ihr werdet von Google besser gerankt! (Win-Win Situation)

☐

WARTUNG DEINER WEBSITE

Damit deine Website profitabel bleibt solltest du sie in regelmäßigen Abständen warten. Zu solchen Wartungen gehört das Erstellen von neuen, sowie Löschen von nicht länger relevanten Beiträgen, der regelmäßige Backlinkaufbau sowie die Kontrollen deiner Affiliate-Links.

7.1 Wann sollte ich neue Beiträge auf meiner Website hinzufügen?

Du brauchst nicht ständig neue Beiträge zu verfassen, jedoch solltet du jede 2-3 Monate deine Nischenseite einmal gründlich durchforsten. Sind beispielsweise negative Aspekte zu einem von dir vorgestellten Produkt aufgetaucht solltest du diese neuen Gesichtspunkte deinen Besuchern nicht vorenthalten. Je nach dem wie gravierend der entdeckte Fehler ist kannst du sogar darüber nachdenken das Produkt vollständig von deiner Website zu entfernen. Ist hingegen ein revolutionäres Produkt zu deinem Nischenthema aufgetaucht solltest du dieses schnellstmöglich in deine Palette von vorgestellten Produkten mit aufnehmen um dir keine Kunden durch die Finger gehen zu lassen.

☐

7.2 Regelmäßige Linkkontrollen

Regelmäßige Linkkontrollen sind äußerst wichtig um deine Nischenseite dauerhaft profitabel zu halten.

Denn sollten Affiliate-Links, welche du auf deiner Website platziert hast aus irgendwelchen Gründen nicht funktionieren, leiten diese auch keine Kunden auf Amazon weiter. Deine Websitebesucher werden sich so zwar auf deiner Nischenseite ausgiebig über das Produkt informieren, Amazon jedoch daraufhin manuell Öffnen und das Produkt über die Suchleiste ausfindig machen. Obwohl deine Website ausschlaggebend für den Kauf des Produktes war erhältst du somit keine Provision.

Um das zu vermeiden solltest du in regelmäßigen Abständen (Desto kleiner die Abstände desto besser) die Links auf deiner Website auf ihre Funktionalität überprüfen. Falls ein Link nichtmehr funktioniert, lösche und ersetze ihn durch einen neuen funktionierenden Link.

☐

WAS ES RECHTLICHES ZU BEACHTEN GIBT

Dieses Kapitel kann und soll in keiner Weise einen Anwalt oder Steuerberater ersetzen. Es soll lediglich einen Überblick über die rechtlichen Aspekte, die es bei der Erstellung einer Nischenseite gibt, aufklären. Um sicher zu gehen kontaktiere in jedem Fall einen Anwalt sowie Steuerberater!

8.1 Ein Gewerbe anmelden

Durch das Betreiben einer Nischenseite mit Affiliate-Links verfolgst du nach dem §15 des Einkommenssteuergesetzes eine Gewinnerzielungsabsicht. Somit solltest du dich mit einer Gewerbeanmeldung an deine Stadt wenden. Diese kostet je nach Stadt und Land zwischen 20 und 60 Euro. Als Neuling im Bereich des Affiliate Marketing solltest du ggf. darüber nachdenken einen Antrag auf die Kleinunternehmerregelung zu stellen, da du so bis zu einem Einkommen von 17.500 Euro pro Jahr von der Umsatzsteuer befreit wirst. Solltest du irgendwann über 17.500 Euro pro Jahr mit deinen Nischenseiten eingenommen haben oder voraussichtlich mehr als 50.000 Euro im nächsten Jahr einnehmen gilt die Kleinunternehmer Regelung für dich fortan nicht länger.

Da es jedoch einige Zeit dauert bis deine Website(en) so einen hohen Profit abwerfen lohnt es sich auf jeden Fall für den Anfang die Kleinunternehmer-Regelung in Anspruch zu nehmen.

8.2 Das rechtssichere Impressum

Deine Nischenseite muss ein Impressum haben, welches von jeder deiner Beiträge und Unterseiten leicht zu erreichen ist. Ansonsten drohen dir teure Abmahnungen, sodass der Traum eines passiven Einkommens schnell zum Desaster mit wohlmöglich hohen Schulden werden kann. Der §5 Des Telemediengesetzes regelt was in ein solches Impressum zwingen gehört.

1. Der Betreiber der Website muss genannt werden
2. Eine Ladungsfähige Adresse muss genannt werden.
3. Kontaktinformationen (Email usw..) müssen genannt werden.
4. Umsatzidentifikationsnummer muss genannt werden.

Das waren jedoch nur die allerwichtigsten Aspekte. Um ein wirklich rechtssicheres und für dich passendes Impressum zu erhalten empfehle ich dir entweder deinen Anwalt zu Kontaktieren oder den weitverbreiteten Impressumsgenerator von der Plattform E-Recht24 zu nutzen. (https://www.e-recht24.de/impressum-generator.html)

☐

8.3 Bilder und Urheberrechte

Besonders in Bezug auf Bilder und Urheberrechte solltest du umsichtig agieren. Auch hier kann es andernfalls schnell zu teuren Abmahnungen kommen. Verwende grundsätzlich nur selbstgemachte Bilder oder die jeweiligen von Amazon zur Verfügung gestellten Produktbilder. Du solltest keinesfalls einfach Bilder aus dem Internett verwenden ohne die schriftliche Erlaubnis des jeweiligen Urhebers im Vorhinein einzuholen. Auch deine Texte solltest du unbedingt selbst schreiben. Verwendest du Textpassagen von anderenSeiten, achte unbedingt auf eine korrekte Zitierweise und Quellenangabe.

SCHLUSSWORT

Ich hoffe der Ratgeber hat dir geholfen den Traum deiner eigenen Nischenseite endlich zu verwirklichen. Das wichtigste ist, dass du am Ball bleibst; Erstelle mehrere Nischenseiten, gib ihnen Zeit und Pflege diese. Gib nicht auf nur weil du deinen Erfolg nicht direkt siehst, denn wie bereits zu Beginn dieses Buches beschrieben brauchen Websites zum Teil Monate bis Jahre um sich zu etablieren und Traffic aufzubauen. Mit voranschreitender Zeit jedoch, werden deine Nischenseiten als gesamtes zu einem großen „Geldbaum" heranwachsen, welcher dir Monat für Monat ein passives **Einkommen** beschert.

Caspar Neumann
Am Sölenborn 2
37085 Göttingen
casneu.kontakt@gmail.com

www.ingramcontent.com/pod-product-compliance
Lightning Source LLC
Chambersburg PA
CBHW070934220526
45468CB00005B/1771